SEO Marketing für Anfänger: Praktische Strategien und Taktiken um bei Google und Co. zu ranken

SEO Marketing für Anfänger: Praktische Strategien und Taktiken um bei Google und Co. zu ranken

SEO oder auch "Suchmaschinenoptimierung" ist seit Jahren in aller Munde. Dennoch wissen die wenigsten, was man genau darunter zu verstehen hat: Was ist SEO? Wie funktioniert es? Wann sollte man lieber andere Marketing-Kanäle bespielen? Darum wollen wir Ihnen in diesem Beitrag einen möglichst umfassenden Überblick über die Suchmaschinenoptimierung geben. Zunächst werden wir Ihnen erklären, was Suchmaschinenoptimierung ist und wie eine Suchmaschine funktioniert. Dann werden Sie lernen, wie Sie eine Strategie ausarbeiten und die richtigen Keywords für Ihr Geschäftsmodell auswählen. Sie werden lernen, welche Faktoren für eine gute Platzierung bei Google entscheidend sind und wie Sie Ihre Seite dahingehend optimieren können. Im zweiten Teil werden wir Ihnen dann Schritt für Schritt zeigen, wie Sie eine Suchmaschinenoptimierung umsetzen können. Sie werden lernen, welche Faktoren auf Ihrer Seite (OnPage SEO) wichtig sind und welche Faktoren abseits Ihrer Seite (OffPage SEO) optimieren können. Wir werden Ihnen außerdem einen Überblick über die wichtigsten Begriffe im Bereich SEO geben und Sie werden die wichtigsten Tools, mit denen Sie arbeiten sollten, kennenlernen.

Was ist SEO?

SEO bezeichnet alle Maßnahmen, die dazu dienen, Webseiten, beziehungsweise deren Inhalte, im organischen Ranking einer Suchmaschine auf einer möglichst hohen Platzierung erscheinen zu lassen.

SEO kann man also als Maßnahmen betrachten, um im Marketingkanal Suchmaschine Besucher zu gewinnen, indem man in den SERPs (Search Engine Results Page = Suchergebnisseiten) möglichst weit oben steht. Tatsächlich ist es so, dass der prozentual größte Anteil der Klicks auf die oberen Plätze in den Suchergebnisseiten entfällt. Die ersten drei Plätze werden von Anzeigen, den sog. Google Ads belegt. Darunter erscheinen dann die organischen Ergebnisse. Doch um zu verstehen, wie SEO genau funktioniert, müssen wir zunächst betrachten, wie eine Suchmaschine eigentlich funktioniert.

Wie funktioniert eine Suchmaschine?

Eine Suchmaschine ist eine Software, die dazu dient, im Netz leichter die Seiten zu finden, die für den Nutzer relevant sind. Es gibt die verbreitete Meinung, Google sei "das Internet", doch dabei ist Google lediglich eine Suchmaschine mit dem Ziel, dem Nutzer die relevantesten Inhalte anzuzeigen.

Es gibt zwar eine Vielzahl von Suchmaschinen, aber die wichtigsten sind definitiv Google und Bing. Im weiteren Verlauf des Textes wird der Begriff Suchmaschine daher synonym mit Google verwendet, da der Marktanteil der anderen Suchmaschinen einfach zu gering ist, um den Aufwand einer Optimierung dafür zu rechtfertigen (zumindest in Deutschland). Außerdem werden mit einer Optimierung für Google auch die Rankings in anderen Suchmaschinen steigen, da die zugrundeliegenden Kriterien hierfür mit hoher Wahrscheinlichkeit große Überschneidungen aufweisen.
Das Funktionsprinzip von Google ist denkbar einfach: Ein Crawler, oder auch Robot, besucht die Website und folgt den Verlinkungen. Dies führt dazu, dass die Website und ihre Inhalte in einer Datenbank erfasst werden. Diese Datenbank indexiert, also sortiert die Websites nach bestimmten Kriterien.

Wie funktioniert der Robot?

Der Robot oder auch "Crawler", ist ein automatisches Programm, dass in regelmäßigen Abständen alle Inhalte im Netz besucht. Wenn Sie Ihre Inhalte oft aktualisieren, kommt der Robot öfter vorbei. Dabei untersucht der Robot den Inhalt /Content Ihrer Seite, wird aber einige Elemente ignorieren, dazu gehören Javascripts und Flash-Inhalte. Sie müssen sich vorstellen, dass der Robot nur die Inhalte auch "verstehen" kann, die er erfassen kann.

Das bedeutet, dass Sie relevanten Text auf Ihrer Seite benötigen. Handelt Ihre Website vom Thema Hundetraining, aber es befinden sich nur Grafiken und Videos mit den Namen der Hunde als Dateinamen auf Ihrer Seite, wird es für diese Seite schwierig, als eine Website für Hundetraining erkannt und indexiert zu werden. Haben Sie dagegen viel Text auf Ihrer Website, in denen der Google-Bot Wörter wie "Hundetraining", "Hunde", "Hundeschule" und "Befehle beim Hundetraining" findet, und sind die Bilder und Videos mit den entsprechenden Meta-Angaben (dazu später mehr) versehen, so wird der Googlebot es einfach haben, Ihre Website dem Bereich Hundetraining zuzuordnen.

Google benutzt bei der Indexierung eine Vielzahl von Kriterien, die wir uns später genauer ansehen werden. In diesem Abschnitt geht es nur darum zu verstehen, wie Google genau funktioniert. Es ist dabei wichtig, sich das Ziel von Google klar zu machen: Google ist ein Unternehmen, das Geld verdienen möchte. Dies erreichen sie, indem sie die beste Suchmaschine am Markt sind. Das bedeutet, dass Google dem Nutzer nur die besten Inhalte liefern will. Die besten Inhalte sind dabei die Inhalte mit der höchsten Relevanz für die Suchanfrage eines Nutzers. Stellen Sie sich vor, Sie suchen nach einem Hundetrainer, aber landen nur auf Seiten, die Ihnen Halsbänder und Hundefutter verkaufen. Sie wären mit den Suchergebnissen unzufrieden und würden bald eine andere Suchmaschine benutzen.

Die Prinzipien der Suchmaschinenoptimierung

Im Grunde müssen Sie sich für die Optimierung eine Sache merken: Google möchte dem User für seine Suchanfrage die besten Inhalte liefern. Konzentrieren Sie sich also darauf, Ihren Nutzern eine optimale User Experience zu bieten. Das bedeutet: Beachten Sie die Tipps in diesem Text, schaffen Sie Mehrwert für Ihre Nutzer und vermeiden Sie die häufigsten Fehler, die wir am Ende dieses Beitrages nochmals für Sie zusammengefasst haben.

Google Updates

Ein weiterer Punkt, den wir an dieser Stelle ansprechen müssen, sind die sogenannten Google Updates. Googles beständiges Ziel ist es, die Qualität der Suchergebnisse konstant zu verbessern. Man schätzt, dass Google derzeit über 200 verschiedene Rankingfaktoren nutzt, um die Qualität von Suchergebnissen zu bewerten. Im Folgenden werden wir kurz auf die wichtigsten Updates der letzten Jahre und Ihre Bedeutung für die Entwicklung der Suchmaschinenoptimierung eingehen.

Panda Update
Das Panda Update wurde erstmals im Jahr 2011 ausgerollt. Ziel des Updates war es, Seiten mit qualitativ hochwertigem Content mit einem besseren Ranking zu belohnen und umgekehrt Seiten mit schlechtem Content oder Spam-Inhalten abzustrafen.

Penguin Update

Im Jahr 2012 folgte dann der Rollout des Pinguin Updates mit dem Ziel, Spam-Inhalte im Web weiter zu minimieren. Darunter fallen beispielsweise Seiten, die nur für die Suchmaschine und nicht für den Nutzer optimiert sind. Der Fokus beim Penguin Update lag aber nicht wie beim Panda auf den Inhalten der Seite, sondern bei den Backlinks. Ziel war es, den "unnatürlichen Linkaufbau" zu unterbinden. Mehr zu diesem Thema finden Sie im Kapitel "OffPage".

Hummingbird Update

Mit dem "Kolibri" im Jahr 2013 kam das umfassendste Update des Suchalgorithmus. Ziel war es, die Suchintention besser zu verarbeiten. Die semantische Suche war geboren. Google erkennt nun besser die Intention einer Suchanfrage, indem Synonyme, vergangene Suchanfragen und der Kontext der Suchanfrage in die Ausspielung der Ergebnisse mit einbezogen werden.

Pigeon Update

2014 stand mit dem Pigeon Update die lokale Suche im Fokus der Optimierung. Der Standort des Nutzers wurde besser in die Ausgabe der Suchanfragen verwoben und die Bedeutung von Local SEO nahm zu.

Google Mobile Update

2015 folgte dann das Google Mobile Update. Wie der Name schon sagt, stieg die Gewichtung von mobiler Optimierung. Responsive Design wurde zum Standard. Ziel war es, die Webseitenbetreiber dazu zu bringen, Ihre Inhalte für mobile Endgeräte optimal darzustellen.

Die genauen Inhalte von Updates stellen oft ein Rätsel dar, da Google die genauen Parameter von Updates nie enthüllt. Der Google Suchalgorithmus ist ein ähnlich gut gehütetes Geheimnis wie das Coca Cola Rezept. Sie müssen immer damit rechnen, nach einem Update entweder eine höhere oder ein geringere Sichtbarkeit zu bekommen. Es lohnt sich also bei diesem Thema up to date zu bleiben.

Keywords und Proofkeywords

Um zu verstehen, wie Suchmaschinenoptimierung funktioniert, ist es unerlässlich, die Bedeutung von Keywords zu verstehen. Keywords sind, wie der Name schon sagt, Schlüsselwörter, die von Suchmaschinen benutzt werden, um den Inhalt einer Website zu erfassen. Wir haben bisher gelernt, dass Suchmaschinen wie Google das Netz so genau wie möglich indizieren wollen, um dem User für jede Suchanfrage das am besten passende Ergebnis auszuspielen. Um den Inhalt einer Seite zu erfassen, benutzen Suchmaschinen Keywords auf der Website, um diese thematisch einzuordnen.

Weiterhin müssen wir allerdings den Unterschied zwischen Suchbegriffen und Keywords definieren. Als Suchbegriff bezeichnet man das, was der User bei seiner Suche in den Suchschlitz eingibt. Wenn ein User also beispielsweise nach "Fitnesscenter Köln" sucht, ist dies der Suchbegriff. Das Keyword "Fitnesscenter Köln" ist dagegen das, was sich an verschiedenen Stellen auf Ihrer Website befindet. Sucht ein User nach "Fitnessstudio Köln", fällt dies thematisch in dieselbe Kategorie wie das Keyword "Fitnesscenter Köln", da dies miteinander verwandte Wörter sind.

Proofkeywords

Eine besondere Bedeutung für die Erfassung von Inhalten kommt den sog. "Proofkeywords" zu. Dies sind Keywords, die meistens im Zusammenhang mit einem Thema stehen. Ist das Thema Ihrer Seite beispielsweise "Fitnesstraining", so sind thematisch relevante Proofkeywords beispielsweise "Krafttraining", "Ausdauertraining" oder "Übungen" und "Trainingsplan". Achten Sie beim Schreiben von SEO-optimierten Texten auch unbedingt auf die Verwendung der passenden Proofkeywords in ausreichender Anzahl. Dazu später mehr im Kapitel über OnPage-Optimierung.

Longtail Keywords und Shorttail Keywords

Eine weitere wichtige Unterscheidung, die wir vornehmen müssen, ist der Unterschied zwischen Long Tail- und Short Tail Keywords. Dieser Unterscheidet bezeichnet schlicht die Länge der verwendeten Keywords und deren Grad an Genauigkeit. Das Keyword "Schuhe" ist beispielsweise sehr generisch. Eine Suchmaschinenoptimierung auf dieses Keyword macht aus diversen Gründen wenig Sinn: Zum einen ist das Keyword sehr unspezifisch, es könnte sein, dass der Nutzer Schuhe kaufen will oder sich nur zum Thema Schuhe informieren will. Außerdem gibt es Millionen von Seiten, die sich in irgendeiner Weise mit dem Thema Schuhe befassen, d.h. die Wahrscheinlichkeit, bei diesem Keyword hoch zu ranken ist nicht sehr groß und mit sehr hohem Aufwand verbunden.

Das Keyword "Damen Laufschuh Nike 37" zeigt an, dass der Nutzer mit hoher Wahrscheinlichkeit einen Laufschuh für Damen der Firma Nike in der Größe 37 erwerben möchte. Generell bieten Short Tail Keywords ein hohes Suchvolumen, also potentiell viele Besucher bei einer erfolgreichen Optimierung. Andererseits sind diese Keywords meistens recht generisch und Sie haben viele Mitbewerber, die auch versuchen, für dieses Keyword gute Rankings zu erzielen. Longtail Keywords haben dagegen ein geringeres Suchvolumen, dafür aber auch weniger Mitbewerber und sind spezifischer. Die Wahrscheinlichkeit, bei einer erfolgreichen Optimierung hier hoch zu ranken ist relativ hoch.

Keyword Difficulty

Womit wir beim dritten Faktor wären, den Sie berücksichtigen müssen, wenn Sie mit Ihrer Suchmaschinenoptimierung beginnen. Die Keyword Difficulty gibt an, wie schwierig es voraussichtlich sein wird, ein gutes Ranking für ein bestimmtes Keyword zu erzielen. Hierzu können Sie für eine Analyse Tools wie https://moz.com/tools/keyword-difficulty nutzen.

Diese Tools analysieren die Seiten, die bereits gut für ein Keyword ranken. Diese Information ist sehr wichtig für die Auswahl der Keywords, auf die Sie optimieren möchten. Liegen für Ihr Keyword beispielsweise an Platz 1 und 2 die Webseiten von Focus.de und Spiegel.de, wird es für Sie mit hohem Aufwand und Kosten verbunden sein, mit diesen beiden etablierten Seiten zu konkurrieren.

Achten Sie also bei der Auswahl Ihrer Keywords darauf, dass Sie spezifische Keywords mit einem möglichst hohen Suchvolumen optimieren, die einen möglichst geringen Wettbewerb haben.

Welche Vorteile bietet SEO

Erfolgreich durchgeführte SEO Maßnahmen bieten dem Websitebetreiber oder dem Onlineshopbetreiber kostenlos Besucher. Während Sie für andere Werbekanäle wie Radio, Fernsehen, Printwerbung oder Suchmaschinenwerbung (wie Google Ads) für jeden Kontakt bares Geld bezahlen, kostet Sie SEO "nur" die Arbeitszeit, die hineingesteckt wird.
Dabei stellt sich natürlich die Frage, ob professionelles SEO outgesourced werden sollte oder ob es Sinn macht Suchmaschinenoptimierung inhouse zu betreiben. Wie bei allem ist dies eine Kosten-Nutzen Frage. Eine professionelle Suchmaschinenoptimierung bei einer Agentur kostet Geld und ist eine Sache regelmäßiger Betreuung.

Weiterhin sollten Sie sich im Klaren darüber sein, dass Maßnahmen, die Sie heute beginnen, je nach Bereich, in dem Sie unterwegs sind, mehrere Monate Inkubationszeit benötigen, bevor sich Ihre Rankings verbessern und Sie sichtbarer werden. Aber was sind überhaupt Rankings?

Rankings und Rankingfaktoren

Ein Ranking ist im Grunde die Platzierung, die einem Keyword bei einer Suchanfrage zukommt. Nehmen wir an, Sie möchten das Keyword "Hundetraining Berlin" bearbeiten. Zunächst sind Rankings für Nutzer nicht absolut. Google bezieht auch immer den Standort und die bisherigen Suchanfragen sowie zahlreiche andere Faktoren mit ein und entscheidet dann, welche Seiten einem Nutzer ausgespielt werden. Gibt ein Nutzer in Berlin Stadtmitte den Suchbegriff "Hundetraining Berlin" ein, und Ihre Seite erscheint auf Platz 3 der organischen Suchergebnisse, so ist das bereits ein gutes Ranking. Erscheinen Sie dagegen auf der 5. Seite der Suchergebnisse ganz unten, müssen Sie das Keyword "Hundetraining Berlin" pushen. Die Suchmaschine bezieht bei der Auswahl, welche Seiten in welcher Reihenfolge ausgegeben werden, eine Vielzahl von Ranking Faktoren mit ein. Im Folgenden finden Sie eine Liste der wichtigsten Ranking Faktoren. Bitte beachten Sie, dass die Gewichtung der Faktoren ein streng gehütetes Geheimnis von Google ist und jeder Versuch einer Gewichtung auf Analysen und Schätzungen beruht. Professionelle Suchmaschinenoptimierer investieren viele Ressourcen darin, herauszufinden, welche Faktoren die wichtigsten sind. Seien Sie sich auch im Klaren darüber, dass Google die Gewichtung der Faktoren im Laufe der Zeit immer wieder ändert oder sogar gänzlich ignoriert. Die folgende Liste stellt daher einen ersten Anhaltspunkt für Sie da, welche Faktoren es zu optimieren gilt.

Faktor 1: Content

Content bezeichnet den Inhalt der Seite. In erster Linie sind dies Textinhalte, da diese von der Suchmaschine genau erfasst werden können. Es ist für einen automatisierten Algorithmus schwieriger, den Inhalt von Bildern und Videos zu erkennen, darum bildet der Text einer Seite nach wie vor den Faktor ab, an dem eine Suchmaschine sich orientieren kann.

Zu Beginn der Suchmaschinenoptimierung spielte die Keyworddichte die größte Rolle. Wenn Ihre Website 20x den Begriff "KFZ Mechaniker München" enthielt und ein User diesen Begriff in den Suchschlitz eingegeben hatte, so konnte die Suchmaschine erkennen, dass die Website wohl relevant für diesen Suchbegriff sein muss und so wurde die Seite für diesen Suchbegriff angezeigt. Als Suchmaschinenoptimierer dies erkannt hatten, wurden Keywords so oft wie möglich eingestreut. Dies wurde auch als "Keyword stuffing" bezeichnet. Dieses Vorgehen hatte zur Folge, dass die Suchergebnisse an Relevanz verloren, da sie keinen guten Content, sondern nur noch möglichst oft ein bestimmtes Keyword enthielten. Um dem entgegen zu steuern, nutzt Google nun eine Vielzahl von Faktoren, um zu bestimmen, ob der Content eine hohe Relevanz für den Nutzer bietet. Insgesamt benutzt Google über 200 bekannte Rankingfaktoren. Wir werden an dieser Stelle aber nur auf die wichtigsten Rankingfaktoren eingehen.

Unique Content

Um zu vermeiden, dass Websitebetreiber einfach Texte kopieren, verlangt Google "einzigartige Inhalte". Das bedeutet, Texte, ein Original sind und nicht gänzlich oder in Teilen aus anderen Quellen kopiert wurden. Ansonsten würden gute Texte im Netz kopiert und der User würde immer wieder dieselben Inhalte sehen. Beachten Sie diesen Faktor beim Schreiben. Eine Google Suche nach "Duplicate Content Checker" sollte Ihnen einige Tools ausgeben, mit denen Sie vor der Veröffentlichung Ihrer Texte prüfen können, ob diese nicht doch große Übereinstimmungen mit bereits existierenden Texten aufweisen.

Content Qualität

Der Googlebot erkennt anhand verschiedener Faktoren wie relevant ein Text für den Nutzer ist und auch, wie hochwertig ein Text ist. Achten Sie also bei der Texterstellung auf eine übersichtliche Formatierung und hochwertige Inhalte. Nutzen Sie Absätze, Zwischenüberschriften und vermeiden Sie zu komplexen Satzbau. Sorgen Sie für eine optimale Erfahrung beim Lesen des Textes und bieten Sie Ihren potentiellen Kunden einen Mehrwert.

Dazu gehört auch, dass Sie auf eine saubere Grammatik achten. Rechtschreib- und Grammatikfehler sind ein Anzeichen für schlechte Inhalte und werden mit einem schlechteren Ranking "bestraft". Passen Sie auch Ihr Sprachniveau der Zielgruppe an. Ein weiterer wichtiger Faktor sind weiterführende Quellen. Verlinken Sie, wenn möglich auf qualitativ hochwertige Seiten, wenn Sie Ihre Aussagen belegen.

Content Länge

Die optimale Länge von Textinhalten ist unklar und auch von Thema zu Thema unterschiedlich. Der Trend geht aber klar in Richtung längerer Inhalte. Für Artikel oder Kategorieseiten sollten es mindestens 1000 Wörtern sein. Bei der Produktbeschreibung eines 5er Packs Batterien erwartet Google natürlich nur eine sehr kurze Textbeschreibung.

Content Aktualität

Google bevorzugt aktuellen Content, der in regelmäßigen Intervallen geupdated wird. Das bedeutet für Sie in der Praxis: Updaten Sie regelmäßig vorhandene Texte, ändern Sie Passagen oder fügen Sie neue Abschnitte hinzu und erweitern Sie den Inhalt, falls praktikabel mit neuen Seiten.

Multimedia Elemente

Qualitativ hochwertiger Content enthält meist auch Bilder und Videos. Dies wird von Google als Qualitätssignal gewertet. Dies beruht unter anderem auf der Tatsache, dass nicht alle Menschen Informationen gerne lesen. Videos und Grafiken sind eine großartige Möglichkeit um den Mehrwert für Ihren Kunden zu erhöhen.

Keywords

Keywords spielen eine wichtige Rolle, um der Suchmaschine zu zeigen, von welchem Thema Ihre Webseite handelt. Sie sollten darauf achten, das Keyword entsprechend oft (aber nicht zu oft) im Text und auf der Seite einzubringen. Wir werden das Thema Keywords und deren korrekte Nutzung später im Kapitel "OnPage SEO" behandeln.

Nutzererfahrung

Google kann auch die Nutzererfahrung mit der Zielseite beurteilen. Das bedeutet, die Suchmaschine kann aus verschiedenen Metriken ableiten, wie gut Ihre Website zum jeweiligen Suchbegriff passt, den ein User eingegeben hat. Die erste dieser Metriken ist die Klickrate.

Die Klickrate auf der Suchergebnisseiten

Die Klickrate zeigt, wie viele der Nutzer prozentual bei einem bestimmten Suchbegriff auf ein bestimmtes Ergebnis klicken. Suchen beispielsweise zehn Menschen nach "KFZ Mechaniker München" und zwei davon klicken Ihre Seite an, beträgt die Klickrate 20%.

Je höher die Klickrate der eigenen Seite, umso besser. Je nachdem, welche Untersuchung man zu Rate zieht, kann man davon ausgehen, dass mehr als 50% aller Klicks auf die ersten drei Positionen der Suchergebnisseite entfallen. Um eine möglichst hohe Klickrate zu erzielen, empfiehlt es sich möglichst ansprechende Page Titles zu verfassen. Dazu später mehr im Kapitel OnPage Optimierung.

Die Absprungrate der Nutzer

Google kann erkennen, ob ein Nutzer bereits nach kurzer Zeit wieder auf die Suchergebnisseite zurückkehrt. Dies ist ein starkes Indiz dafür, dass der Nutzer auf der Seite nicht das gefunden hat, wonach er gesucht hat und nun eine neue Suche starten muss. Dies bedeutet, dass die angeklickte Seite für diesen User und diesen Suchbegriff wohl nicht die richtige war. Es kann aber auch bedeuten, dass die Seite nicht erreichbar war oder die Seitenladezeit zu lang war.

Die Seitenladezeit einer Website

Ein sehr wichtiger Faktor ist die Seitenladezeit einer Seite. Für jede Sekunde, die eine Seite zu lange braucht, um zu laden, steigt die Absprungrate. Das bedeutet, dass 2x mehr Ladezeit dazu führt, dass ein Großteil der Besucher die Website schon verlässt, bevor sie den Inhalt gesehen hat.

Sie kennen das vermutlich aus eigener Erfahrung: Wenn eine Seite oder ein Webshop zu lange lädt und Sie bei Ihrem Einkauf jedesmal 3-4 Sekunden warten müssen, bis Ihnen die Artikel angezeigt werden, verlassen Sie die Seite und versuchen es an anderer Stelle. Beachten Sie auch, dass es einen Unterschied zwischen der Ladezeit für Desktop und der für Mobile gibt.

Mobile Optimierung und Responsive Design

Ein Großteil der Nutzer kommt bereits über das Smartphone oder auch das Tablet auf die Seite. Das bedeutet, dass Sie dafür sorgen müssen, dass der mobile Nutzer eine genauso gute Nutzererfahrung hat wie der Desktop Nutzer. Ein responsives Design, in dem sich die Elemente sinnvoll und dynamisch dem Gerät anpassen, ist längst Standard. Wie die mobile Optimierung im Einzelnen von Statten geht, erfahren Sie im nächsten Kapitel.

Klare Navigation und Seitenarchitektur

Eine klare Navigation hilft dem Besucher dabei, sich zurechtzufinden. Google belohnt thematisch und hierarchisch logisch aufgebaute Seiten. Ein weiterer wichtiger Punkt, den es hier zu beachten gilt, ist die interne Verlinkung. Google gewichtet eine Unterseite, vereinfacht gesagt, auch daran, welche Seiten intern auf diese Verlinken. Mehr dazu im Kapitel über OnPage Optimierung.

Backlinks und Social Signal

Google bewertet die Qualität und Relevanz auch anhand der externen Verlinkungen, die auf die Website verweisen. Dieses Thema werden wir später noch genauer im Kapitel über die OffPage Optimierung behandeln. Vereinfacht gesagt gilt folgende Logik: Je vertrauenswürdiger und qualitativ hochwertig eine Website ist, desto mehr werden andere Webseiten auf sie verlinken.

Wenn Sie beispielsweise einen Blog betreiben und hochwertige Inhalte zu einem Thema veröffentlichen, dann werden andere Blogs früher oder später auf Ihren Blog verlinken, Sie zitieren oder Ihren Nutzern sagen: "Sieh her, da ist ein guter Artikel zu dem Thema". Vielleicht werden Sie auch getweetet oder auf Facebook geliked. Dasselbe gilt für Onlineshops. Händler mit guten Angeboten werden früher oder später in einem Forum verlinkt, in denen ein Nutzer beispielsweise postet: "Schau mal hier, dieses Produkt könnte die Lösung für dein Problem sein".

Markenbekanntheit

Ein Faktor, der bei der Suchmaschinenoptimierung immer wichtiger wird, ist die Markenbekanntheit oder auf englisch: Das Branding. Verschiedene Untersuchungen deuten daraufhin, dass Google Marken bevorzugt. Das bedeutet für Sie im Umkehrschluss: Haben Sie eine Marke, zeigen Sie es Google. Wenn Sie keine Marke haben, versuchen Sie eine aufzubauen. Denn ein Markenname im Seitentitel oder im Linktext ist immer ein ganz klares Signal an Google.

Analysen und Zielsetzung

Sie haben nun in groben Zügen gelernt, was eine Suchmaschine ist und wie Sie funktioniert. Sie haben gelernt, welche Faktoren einen Einfluss auf Ihr Ranking haben und dass Sie sowohl auf Ihrer Seite daran arbeiten müssen, als auch daran, eine gute Reputation zu erzielen. Nun stellen Sie sich bestimmt die Frage: "Wo und wie fange ich eigentlich an?"

Zunächst müssen Sie, wie bei allem im Leben, Ihre Ziele genau definieren. Möchten Sie schnell Besucher auf Ihrer Website haben? Dann ist Suchmaschinenoptimierung im ersten Schritt definitiv der falsche Kanal. Wenn Sie heute damit beginnen, an Ihren Rankings zu arbeiten, müssen Sie in Monaten und Jahren denken um Erfolge zu sehen.

Wenn Sie nur kurzfristig Besucher brauchen oder eine Idee testen wollen, sollten Sie auf bezahlte Suchmaschinenwerbung wie Google Ads setzen. Dennoch bietet SEO Ihnen gewaltige Vorteile. Stellen Sie sich vor, sie haben einen Onlineshop und beginnen mit SEO. In der ersten Wochen erzielen Sie dadurch vielleicht nur 1-2 Besucher am Tag. Nach drei Monaten sind dies bereits 5. Nach sechs Monaten 20 und nach einem Jahr bekommen Sie kostenlos zwischen 50 und 100 Besuchern am Tag. Wenn Sie diese Besucher einkaufen müssten, können die Kosten pro Besucher, je nach Branche, irgendwo zwischen 1€ und 100€ liegen. Rechnen Sie selbst, wie viel Geld Sie so langfristig sparen.

Allerdings müssen Sie immer bedenken, dass der Aufwand und die Erfolgsaussichten stark von der Branche und dem Wettbewerb abhängen. Wenn Sie für wettbewerbsstarke Keywords wie "Lebensversicherung" ranken wollen, stellen Sie sich auf einen mehrjährigen Marketingplan mit einem großen Budget ein. Wenn Sie dagegen Sportangeln für Linkshänder verkaufen, ist Ihr Marktsegment deutlich kleiner und der Wettbewerb entsprechend geringer.

Ein guter Plan ist es, ebenfalls auf Long-Tail-Keywords mit Kaufabsicht zu gehen. Nehmen wir als Beispiel an, Sie sind Inhaber einer Kampfsportschule. Anstatt sich um das Keyword "Kampfsport" oder "Kampfkunst" zu schlagen, wäre es deutlich sinnvoller auf Keywords wie "Kickboxen Training in Hamburg" zu optimieren. Sie werden zwar im Monat keine 5000 Klicks bekommen, die Sie mit dem Keyword "Kampfkunst" bekommen hätten, aber Sie bekommen vielleicht 10 Klicks von Besuchern, die genau Ihre Dienstleistung suchen und bereit sind zu "kaufen". Außerdem haben Sie mit spezifischen Long Tail Keywords auch eine realistische Chance, ein gutes Ranking zu erzielen.

Nun stellt sich also die Frage, wie Sie am besten vorgehen. Zunächst sollten Sie sich auf einige Keywords festlegen, die Sie optimieren wollen. Denken Sie daran, Keywords zu verwenden, die zu Ihrem Angebot passen, so spezifisch wie möglich sind und dabei gleichzeitig ein möglichst hohes Suchvolumen aufweisen. Darüber hinaus sollten Sie den Wettbewerb prüfen, um auch nur auf Keywords zu optimieren, mit denen Sie eine realistische Chance haben, ein gutes Ranking zu erzielen.

Wenn Sie nun die entsprechenden Keywords festgelegt haben, gilt es, eine Zielvorgabe zu definieren. Nehmen wir an, Sie möchten für das Keyword "Hundetraining Berlin" unter die ersten drei Plätze kommen. Ihre derzeitige Position liegt aber auf Platz fünf der dritten Suchergebnisseite.

Nun gilt es zunächst einige Monitoring Tools einzurichten, mit denen Sie den Erfolg Ihrer Maßnahmen überwachen können und dann anhand der Kapitel OnPage Optimierung und OffPage Optimierung die genannten Punkte zu optimieren.

Als erstes sollten Sie Ihre Website mit der Google Search Console verknüpfen. Denn diese gibt Ihnen zahlreiche Möglichkeiten, die sie im Laufe ihres Projekts nutzen können. Wir werden uns die Google Search Console später noch im Detail ansehen. Aber mit Ihr haben Sie die Möglichkeit, die Veränderungen im Ranking Ihrer Seite, beziehungsweise Ihrer Keywords zu verfolgen. Des Weiteren sollten Sie einen Google Analytics Account einrichten und auch diesen mit Ihrer Website und der Google Search Console verknüpfen.

So können Sie analysieren, wie sich Nutzer auf Ihrer Website verhalten und daraus Maßnahmen ableiten. In diesem Zuge sollten Sie auch einen Google Ads Account anlegen. Auch wenn Sie noch nicht vorhaben, Werbung mit Google Ads zu schalten, haben Sie mit dem Account Zugriff auf das mächtige Tool des Google Keyword Planers. Google Analytics und den Google Keyword Planer werden wir ausführlicher in den folgenden Kapiteln behandeln.

Festlegen der Keywords

Wichtig ist, dass Sie den Keyword Planer benutzen, um Ideen für Keywords und deren Suchvolumen zu erhalten. Der Keyword Planer kann Ihnen Ideen für Keywords liefern und gibt Ihnen eine Schätzung über das monatliche Suchvolumen. Nutzen Sie ihn, um sich für Ihre Hauptkeywords zu entscheiden. Überprüfen Sie Ihre Auswahl dann mit einem Tool, das es Ihnen ermöglicht Messwerte für den Wettbewerb abzurufen, damit Sie einschätzen können, ob sich eine Optimierung für dieses Keyword auch lohnt.

Onpage SEO

Nachdem Sie nun gelernt haben, wie eine Suchmaschine funktioniert und wie Sie eine Keyword Strategie planen und überwachen, kommen wir nun zu den konkreten Maßnahmen, die Sie umsetzen können, um Ihre Rankings zu steigern. Dabei unterscheiden wir zwischen zwei Bereichen: Im Bereich zur "Onpage Optimierung" werden Sie lernen, wie Sie eine Content Strategie planen und umsetzen.

Weiterhin werden Sie lernen, wie Sie alle technischen und inhaltlichen Faktoren Ihrer Seite optimieren um ein möglichst gutes Ranking zu erzielen. Google bewertet Seiten positiv, die möglichst vollständige Informationen aufweisen und dem Nutzer einen Mehrwert bieten. Eine optimierte Seite zeigt Google, dass Sie, der Websitebetreiber, viel Mühe in die Seite investiert haben um dem Nutzer eine möglichst hochwertige Erfahrung zu bieten. Genau dieses Verhalten wird mit einer höheren Platzierung in den Suchmaschinenrankings belohnt. Aber gehen wir nun im ersten Schritt die Dinge durch, die Sie jetzt tun können, um ein möglichst gutes Ranking zu erzielen.

Content und Keywords

Der Content ist, wie Sie ja bereits gelernt haben, das Herzstück Ihrer Website. Sie wissen bereits, dass Ihr Content möglichst hochwertige Inhalte bieten soll. Dabei muss er einzigartig, das bedeutet, nicht aus anderen Quellen direkt zusammenkopiert sein. Weiterhin sollte er eine entsprechende Länge (ca. 1000 Wörter) aufweisen. Google belohnt Webseitenbetreiber, die Ihre Inhalte regelmäßig Up to Date halten. Doch fangen wir zunächst einmal bei der Planung der Content Strategie an.

Gehen Sie bei der Planung Top Down vor. Das bedeutet: Planen und schreiben Sie zunächst hochwertige Texte für Ihre Startseite, dann für die Hauptkategorien und dann weiter für die einzelnen Artikel oder Unterseiten. Wählen Sie zunächst ein passendes Hauptkeyword für den Text der jeweiligen Seite.

Nutzen Sie hierzu die bereits genannten Tools des Google Ads Keyword Planer Tools. Nehmen wir an, Sie bieten Hundetraining im Großraum Berlin an. Das Hauptkeyword Ihrer Startseite könnte dann zum Beispiel "Hundetraining Berlin" sein. Nun müssen Sie im zweiten Schritt zunächst die Proof Keywords festlegen.

Proof Keywords

Im Grunde sind Proof Keywords Wörter, die bei einem Thema meistens mit im Text sind. Wir haben im Abschnitt SEO Tools einige Tools aufgelistet, mit denen Sie eine solche Analyse vornehmen können. Das Tool Ryte (Früher OnPage.org) ist eine gute erste Anlaufstelle.
Im Zweifelsfall googeln Sie einfach nach Tools zur Analyse von Proof Keywords oder dem Stichwort "WDF *IDF". Dies ist der Fachbegriff dieser Art von Analysen. Im Grunde scannen die Tools die Top Suchergebnisse für ein Keyword und geben Ihnen die thematisch passenden Proof Keywords aus, die auf diesen Seiten zu finden sind. Ist Ihr Keyword beispielsweise "KFZ Mechaniker München", so finden sich auf den Top Suchergebnissen für dieses Keyword im Schnitt 5x das Keyword "Auto", 12x das Keyword "KFZ" usw. Nutzen Sie diese Informationen und versuchen Sie sich beim Schreiben Ihres Textes an diese Werte anzunähern. Alternativ können Sie zur Ergänzung der Proof Keywords auch einfach das Hauptkeyword googeln und die Autovervollständigung nutzen, um auf weitere Proof Keywords zu kommen.

Bilder und Multimedia

Sie sollten auch Ihre Bild- und Multimedia Dateien entsprechend Ihrer Keywords benennen. Weiterhin können Sie bei Bildern die sog. Alt-Tags vergeben. Diese sind dazu da den Inhalt des Bildes zu beschreiben. So können Menschen mit Sehbehinderung, die sich eine Seite vorlesen lassen, auch hören, worum es in dem Bild geht. Zudem kann Google so die Inhalte besser erfassen. Das gleiche gilt für die Videos. Um bei unserem Beispiel mit dem Hundetraining zu bleiben: Benennen Sie die Bilder z.B. mit "Hundetraining Berlin unser Trainingsgelände" und vergeben Sie den Alt Tag: "Unsere Hundetrainer beim Training mit den Hunden auf unserem Gelände".

Formatierung

Ein wichtiger Aspekt, der gerne übergangen wird, ist eine saubere, nutzerfreundliche und suchmaschinenkonforme Textformatierung. Arbeiten Sie pro Text nur mit einer

Überschrift und untergliedern Sie den Text weiter hierarchisch mit

und

Zwischenüberschriften. Achten Sie auf Absätze und kurze, leserliche Sätze. Verlinken Sie auf andere Inhalte Ihrer Seite und nutzen Sie Fettschreibung und Unterstreichungen um Inhalte für den Nutzer hervorzuheben.

</p>

Meta Angaben

Ein weiterer wichtiger Aspekt, den Sie bei Onpage Optimierung beachten müssen, ist das korrekte Ausfüllen der Meta Angaben. Diese Angaben werden für jede Seite festgelegt und unterteilen sich in den Meta-Title, die Meta Description und die Meta-Keywords. All diese Angaben können Sie in Ihrem CMS (Content Management System) festlegen. Der Meta Title und die Meta Description erscheinen direkt in den SERPs. Der Title ist dabei die Überschrift, die Sie sehen wenn, Sie nach etwas googeln. Die Description ist der Teil, der darunter steht, die Kurzbeschreibung Ihrer Website sozusagen.

Werden diese Felder nicht von Ihnen festgelegt, so nimmt sich Google irgendeinen Text von Ihrer Website. Achten Sie also darauf, diese Werte immer selbst auszufüllen. So schaffen Sie klickstarke Titel und Beschreibungen, die Ihnen ein besseres Ranking bescheren werden.

Meta-Keywords

Die geringste Bedeutung kommt den Meta-Keywords zugute. Früher konnten Sie als Website-Betreiber den Seiten noch Keywords zuweisen, die bei der Festlegung des Rankings noch berücksichtigt wurden. Als darauf basierend allerdings Websitebetreiber damit begannen, gezielt relevante Keywords einzupflegen, wurde diesere Rankingfaktor wider entfernt. Sie müssen also keine Meta Keywords einpflegen, da diese sowieso von Google ignoriert werden.

Meta Title

Den Meta Title hingegen sollten Sie unbedingt auf allen Seiten einpflegen. Die Ideale Länge des Titles liegt derzeit bei 70 Zeichen, bzw 412 Pixeln Breite. Achten Sie darauf kurz, prägnant und klickstark zu formulieren. Um die Länge besser abschätzen zu können. ohne konstant die Zeichen zu zählen, können Sie folgendes Tool nutzen:

https://app.sistrix.com/de/serp-snippet-generator

Dieses Tool ist auch perfekt dazu geeignet, die Länge der Meta-Beschreibung zu überprüfen.

Meta Description

Die Meta Description stellt die Beschreibung Ihrer Website dar. Taucht der Suchbegriff des Users auch in der von Ihnen gesetzten Metabeschreibung auf, wird dieser Fett gedruckt. Damit sollten Sie in jedem Fall versuchen, die wichtigsten Keywords in der Metabeschreibung unterzubringen. Weiterhin sollte die Meta Description, genau so wie der Title übrigens auch, einzigartig sein. Das bedeutet: Verfassen Sie für jede Seite unbedingt eigene Titles und Beschreibungen.

Die Länge der Meta Description liegt derzeit bei etwa 160 Zeichen. 2018 hat Google mit einer längeren Beschreibung von rund 320 Zeichen experimentiert. Diese Änderung wurde aber im Mai diesen Jahres wieder zurück genommen. Schreiben Sie Ihre Meta Descriptions mit dem Ziel, dass Ihre potentiellen Kunden das Suchergebnis anklicken. Ein guter Anhaltspunkt ist die altbekannte AIDA Formel (Attention, Interest, Desire, Action). Eine Meta-Description für unsere "Hundetraining Berlin" Website könnte wie folgt lauten:

"Hundetraining Berlin - Training für verhaltensauffällige Hunde. ✓Einzel & Gruppentraining ✓Gewaltfrei ✓Zertifizierte Trainer. Kontakt unter 0123456"

Metaangaben Sonderzeichen

Nutzen Sie auch unbedingt, wie im obigen Beispiel erkärt, die mittlerweile erlaubten Sonderzeichen in der Description. So schaffen Sie mehr Aufmerksamkeit und heben Sich von der Konkurrenz ab.

Seitenladezeit

Besonderes Augenmerk sollten Sie auch auf die Seitenladezeit legen. Jede Sekunde, die eine Website zu lange zum Laden braucht, erhöht Ihre Absprungrate und kostet Sie bares Geld. Mit dem kostenlosen Google Tool zur Optimierung der Seitenladezeit können Sie die Ladezeit ihrer Seite bestimmen und erhalten konkrete Vorschläge zur Optimierung. Sie finden das Tool unter: https://developers.google.com/speed/pagespeed/insights/

Versuchen Sie bei der Seitenladezeit für Desktop und Mobile zumindest in den grünen Bereich (Score von über 80) zu kommen. Die Seitenladezeit hängt von mehreren Faktoren ab.

Bilder

Der Faktor mit dem Sie vermutlich am schnellsten die Ladezeit verringern können, ist die Bildgröße. Wählen Sie vor dem Upload eine geeignete Auflösung und komprimieren Sie die Bilder verlustfrei mit einem Tool wie: https://tinypng.com/

Geschwindigkeit und Antwortzeit des Servers

Die Geschwindigkeit Ihrer Website hängt zu großen Teilen auch von der Geschwindigkeit des Servers ab. Wenn Ihr Provider keine ausreichende Geschwindigkeit zur verfügung stellen kann, sollten Sie einen Providerwechsel in Betracht ziehen.

Java Script und CSS

Das Thema Java Script und CSS sprengt den Rahmen dieses Ratgebers. Informieren Sie sich online über das Thema oder sprechen Sie mit Ihrem Techniker darüber, wie Sie JavaScripte und CSS Ressourcen komprimieren können. Für viele CMS Systeme wie Wordpress gibt es hier auch fertige Plugins.

Browser Caching

Browser Caching bezeichnet, kurz gesagt, die Möglichkeit bestimmte Ressourcen zu cachen um Ladezeiten einzusparen. Auch hier gibt es für die meisten Systeme eine Vielzahl von Plugins.

Sitemap, Robots TXT und Indexierung

Eine Sitemap ist im Prinzip das Inhaltsverzeichnis einer Website. Sie ermöglicht es dem Google Bot die Seite schneller und leichter zu crawlen und zu indexieren. Die meisten CMS Systeme erstellen die Sitemap automatisch oder bieten Plugins an, die diese Funktion übernehmen. Reichen Sie diese Sitemap dann unbedingt bei der Google Search Console ein.

Die Robots.txt Datei dient dazu, das Verhalten von Suchmaschinen zu beeinflussen und der Suchmaschine zu zeigen, wo die Sitemap zu finden ist. Sie können damit bestimmte Seiten von der Indexierung ausschließen. Meistens wird dies genutzt, um das Impressum und die Datenschutzerklärung vom Crawling auszuschließen, um keine Angriffsfläche für Abmahnkanzleien zu bieten. Bei großen Onlineshops kann diese Funktion auch genutzt werden um etwa Merkmalfilter und ähnliche URLs auszuschließen.

Navigation und Breadcrumb

Die sog. Breadcrumbnavigation bezeichnet eine zusätzliche Möglichkeit der Navigation innerhalb einer Website, die es dem User ermöglicht, zurück zu höheren Ebenen der Website zu finden. Der Begriff leitet sich aus dem Märchen von Hänsel und Gretel ab, bei dem die Kinder einer Spur aus Brotkrumen zurück nach Hause gefolgt sind. Die Einbindung ist abhängig vom verwendeten CMS System, aber in der Regel mit wenig Aufwand umzusetzen.

Strukturierte Daten

Strukturierte Daten sind dazu gedacht, der Suchmaschine möglichst genaue Informationen über Inhalte einer Website mitzuteilen. Sie können dem Google-Bot so viele Informationen geben, die dieser sich sonst nicht oder nur unvollständig erschließen kann wie z.B: Die Länge eines Videos, dass es sich bei der eingebundenen Datei um ein PDF handelt, dass dies der Preis und die Lieferzeit eines Produktes sind, welches die Öffnungszeiten des Unternehmens sind und vieles mehr.

Diese Angabe von Mehrinformation wird von der Suchmaschine dann mit einem besseren Ranking belohnt. Darüber hinaus profitieren Sie von einer besseren Darstellung. Sog. Rich Snippets sind nun möglich und in den SERPs werden nun Kundenbewertungen angezeigt. Dies erhöht das Vertrauen in Ihre Dienstleistung und sorgt für bessere Klickraten.

Wie Sie strukturierte Daten erstellen

Das Projekt Schema.org wurde von den großen Suchmaschinen Google, Bing und Yandex ins Leben gerufen. Dort finden Sie die alle möglichen Auszeichnungen, die Sie vornehmen können, sowie Anleitungen zur Implementierung. Ein weiteres nützliches Tool stellt der Data Highlighter von Google dar. Mit diesem Tool können Sie, auch ohne Programmierkenntnisse, einfach Abschnitte mit der Maus markieren und diese entsprechend taggen.

Mobile Optimierung

Über die Hälfte aller Internetnutzer ist mobil mit Tablets und Smartphones unterwegs. Vernachlässigen Sie die Optimierung für mobile Endgeräte, so verzichten Sie nicht nur auf über die Hälfte der potentiellen Website-Besucher, sondern verpassen auch den Boost für Ihr Desktop-Ranking, den Sie bekommen würden, wenn Sie Ihre Website für mobile Endgeräte Optimieren.

Was Sie bei der mobilen Optimierung beachten müssen

Machen Sie sich bewusst, dass der User per Touchscreen navigiert. Zu kleine Elemente wie winzige Buttons oder zu kleine Navigationspunkte erschweren es dem Nutzer, korrekt auf der Seite zu navigieren. Beachten Sie auch, dass das Display der Geräte erheblich kleiner ist als ein Desktop-Rechner. Eventuell müssen mobile Inhalte angepasst oder ganz weggelassen werden. Smartphones sind darüber hinaus nicht in der Lage, Flash und Javascript darzustellen. Außerdem ist die Verbindung meist langsamer und große Inhalte haben eine höhere Ladezeit. Doch wie setzen Sie eine mobile Optimierung sinnvoll um? Sie haben grundsätzlich zwei Möglichkeiten.

Zwei Seiten oder Responsive Design

Die "einfachste" Möglichkeit ist es, die Website im Responsive Design zu programmieren. Dabei werden Inhalte dynamisch an das jeweilige Gerät angepasst. Der Nachteil bei dieser Methode ist, dass die Qualität der so entstehenden Version nicht auf jedem Mobilgerät gleich ist, da nicht alle Auflösungen und Systeme perfekt abgefangen werden können. Die zweite Möglichkeit besteht darin, eine spezielle Seitenversion für mobile Endgeräte zu erstellen. Hier ist natürlich der Aufwand für die Programmierung deutlich höher.

Tipps zur mobilen Optimierung

Optimieren und komprimieren Sie Bilder. Passen Sie die Seitennavigation für mobile an (Stichwort "Burger Menu"). Stellen Sie die Schriftgröße so ein, dass diese auch auf mobilen Endgeräten gut lesbar ist. Verzichten Sie, soweit wie möglich, auf Videos und Tondateien.

Testen, testen, testen

Testen Sie unbedingt auf so vielen Endgeräten wie Möglich. Das Tool Browserstack kann Ihnen dabei helfen, automatisch viele Endgeräte zu simulieren. Mit dem mobile friendlyness check von google können Sie weitere Optimierungspotentiale aufdecken: https://search.google.com/search-console/mobile-friendly.

Interne Verlinkung

Interne Links verweisen von eigenen Inhalten auf andere eigene Inhalte. Google benutzt die interne Verlinkung um die "Wichtigkeit" von Inhalten zu bewerten. Dabei spielt zunächst die reine Anzahl eine Rolle. Verlinken beispielsweise 30 Links intern auf eine Kategorieseite ist diese wichtiger als andere Seiten.

Aber auch die Qualität spielt eine Rolle. Verlinken zum Beispiel die besten und längsten Inhalte auf eine Unterseite, bekommt diese mehr Gewicht. So können Sie verschiedene Seiten Ihrer Domain für die Suchmaschine unterschiedlich gewichten. Beachten Sie dabei bitte auch die Deklination der Follow und No-Follow Attribute. Mit dem No-Follow Befehl können Sie einer Suchmaschine sagen: "Diesem Link nicht folgen". Allerdings verlieren Sie so auch den sog. "Linkjuice" dieses Links. Generell sollten Sie von internen No-Follow-Verlinkungen mit Ausnahme des Impressums und der Datenschutzerklärung absehen.

404 und Redirects

Da wir gerade beim Thema interne Verlinkungen, sind sollten Sie auch über das Thema 404 und Weiterleitungen Bescheid wissen. Eine 404 Seite ist eine nicht mehr existente Seite. Das können gelöschte Inhalte sein oder, im Falle eines Onlineshops, Produkte, die sich nicht mehr im Sortiment befinden.

Nicht erreichbare Seiten sind frustrierend für den Nutzer und werden von Google nicht gerne gesehen. Leiten Sie daher nicht mehr existierende Verlinkungen auf passende Seiten um. Diese Kontrolle sollte in regelmäßigen Abständen stattfinden. Wie Sie korrekt bei Ihrem jeweiligen CMS weiterleiten, erfahren Sie mithilfe einer kurzen Google Suche.

Es ist wichtig für Sie zu wissen, dass Google den prozentualen Anteil nicht weitergeleiteter Seiten bewertet. Es kommt immer mal wieder vor, dass Inhalte sich ändern und wenn in einem Onlineshop mit 10.000 Artikeln 50 davon auf eine 404 weiterleiten, ist das natürlich nicht annähernd so schlecht als zwei 404 Seiten bei einer Domain mit nur 10 Seiten.

Local SEO

Der letzte Punkt, den wir im Bereich OnPage besprechen möchten, ist die Local SEO Optimierung. Gerade wenn Sie nach lokalen Anbietern suchen, werden Ihnen bereits die lokalen Suchergebnisse begegnet sein: Kennzeichen hierfür sind ein hervorgehobener Kasten am rechten Rand mit den Buttons "Zur Website" und "Routenplaner". Für Local SEO müssen Sie einen Google MyBusiness Account anlegen, in dem Sie wie bei einem Branchenverzeichnis Ihr Unternehmen eintragen können. Achten Sie darauf, alle Felder für Beschreibung und Branche möglichst vollständig auszufüllen, Ihre Seite korrekt zu verlinken und ansprechende Bilder einzupflegen. Die Einbindung eines Google Maps Plugins auf der eigenen Seite kann sich auch positiv auf das Ranking auswirken.

Offpage SEO

Nun haben Sie hoffentlich eine große Menge Wissen über die Suchmaschinenoptimierung sammeln können. Sie wissen nun, welche Faktoren Onpage entscheidend sind und wie wichtig hochwertiger Content und eine saubere technische Optimierung sind.
Sie müssen sich unbedingt klar machen, dass alle Maßnahmen im Offpage Bereich verschwendete Mühen sind, wenn Sie OnPage noch gravierende Fehler auf Ihrer Seite haben. Optimieren Sie bitte unbedingt zuerst Ihre Inhalte, die Ladezeiten, Usability usw. bevor Sie dazu übergehen, mit der OffPage Optimierung zu starten.

Nun kommen wir zu den Faktoren, die sich nicht direkt auf Ihrer Seite befinden. Der wichtigste Faktor ist die Anzahl und Qualität der externen Verlinkungen, auch "Backlinks" genannt.

Externe Links oder Backlinks

Backlinks oder externe Links sind Links, die von außerhalb zu Ihrer Seite führen. Die Logik hinter der hohen Gewichtung, die auf den Links lastet, ist die, dass wenn eine Website gute und relevante Inhalte liefert, diese Website natürlich von anderen Seiten verlinkt wird. Nun könnte man sich denken: "Gut, dann kaufe ich gleich morgen 1000 Links in Russland oder China ein und die Sache ist erledigt." Auch wenn dieses Vorgehen für einen kurzen Zeitraum gut funktioniert hat, können wir nur davon abraten unüberlegt Links zu kaufen.

Google straft dieses Verhalten ab. Würde dieses Vorgehen nämlich funktionieren, dann wären nicht die Websiten mit den besten Inhalten ganz oben in den Suchergebnissen, sondern die, die das meiste Geld für Backlinks ausgeben. Die Qualität der Suchergebnisse würde sinken und die Menschen würden früher oder später eine andere Suchmaschine benutzen. Sie müssen daher unbedingt auf ein ausgewogenes Linkprofil achten.

Linkprofil

Es gilt, beim geplanten Aufbau von Backlinks den Eindruck zu erwecken, dass die Links "natürlich" entstanden sind. Das bedeutet, Sie sollten es vermeiden, Links zu schnell aufzubauen oder nur eine Art von Links aufzubauen. Achten Sie also darauf, Links von möglichst vielen verschiedenen hochwertigen Quellen über einen längeren Zeitraum aufzubauen.

Wachstum des Linkprofils

Achten Sie unbedingt auf ein natürlich wirkendes Linkprofil. 500 Backlinks an einem Tag zu setzen wirkt unnatürlich und ist ein starkes Anzeichen dafür, dass diese Links eingekauft wurden. Setzen Sie zu viele Links in zu kurzer Zeit, kann dies schnell von Google als Spam gewertet werden.

Anzahl der Links

Dennoch spielt auch die Anzahl der Links eine Rolle. Versuchen Sie, möglichst viele Links von relevanten, vertrauenswürdigen und starken Seiten zu bekommen.

Die Relevanz der Links

Ein Link von einer thematisch relevanten Seite ist natürlich stärker als Links von irgendwelchen Seiten. Wenn das Thema Ihrer Website der Verkauf von Hanteln zum Gewichtstraining ist, dann sollten Sie versuchen Links von Fitness Blogs zu bekommen und nicht von einem Forum für Auto Tuning.

Der TrustRank der Links

Ein sehr wichtiges Kriterium das in die Bewertung der Linkqualität einfließt, ist der sogenannte TrustRank. Dieser zeigt an "wie weit" die eigene Webseite von einer vertrauenswürdigen Website entfernt ist. Die Logik dahinter ist, dass vertrauenswürdige Websites von anderen vertrauenswürdigen Seiten verlinkt werden.
Nehmen wir einmal an, Sie erhalten irgendwie einen Backlink direkt von Spiegel.de. Dies ist eine sehr vertrauenswürdige Seite. Wenn eine vertrauenswürdige Quelle auf Sie verlinkt, dann müssen Ihre Inhalte auch vertrauenswürdig sein. Doch dieser Prozess funktioniert auch über mehrere Ecken: Wenn der Spiegel beispielsweise auf einen Blog verlinkt, der wiederum auf Sie verlinkt, bekommen Sie immer noch einen Teil des TrastRanks von Spiegel.de. Wenn aber dagegen ausländische Glücksspielseiten auf Ihre Domain linken, dann schaden Ihnen diese Links mehr als Sie Ihnen Nutzen, und sollten entfernt werden.

Die Domainpower der Links

Das gleiche Prinzip gilt bei der "Power" einer Seite. Links von Seiten, die ein gutes Ranking und viele Besucher haben sind natürlich besser als kleine Blogs mit zwei Besuchern im Monat. Dabei werden aber nicht nur einzelne Seiten in die "Gesamtbewertung" mit einbezogen, sondern die gesamte Domain. Das bedeutet in der Praxis: Versuchen Sie Links von beliebten und relevanten Domains zu bekommen.

Der Ankertext der Links

Der Ankertext eines Links ist im Grunde das, was der user sieht. Typische Ankertexte sind: "Hier kaufen" oder "mehr erfahren". Auch bei den Ankertexten gibt es eine "natürliche Verteilung". Nehmen wir einmal an, Sie möchten Backlinks für Ihre Seite über Hundetraining Berlin setzen. Google erkennt automatisch das Linkprofil Ihrer Mitbewerber. Dies könnte so aussehen, dass die Top 10 Mitbewerbern, die Sie haben, folgende Mittelwerte bei Ihren Ankertexten haben:

10% verlinken mit dem Text "Mehr Erfahren"

40% der Links lauten "Zum Hundetraining"

20% der Links haben "Kontakt" als Ankertext

30% der Links haben "Zur Website" als Ankertext.

Das bedeutet für Sie in der Praxis: Wenn Sie Ihre Links setzen, achten Sie darauf, nicht nur mit einem Ankertext zu verlinken, sondern ahmen Sie das Profil Ihrer Mitbewerber nach.

Art der Links

Das Gleiche gilt übrigens auch für die Art der Verlinkungen. Sie können nämlich im Fließtext verlinken, aber auch im Footer einer Seite oder in Bildern. Achten Sie auch hier darauf, ein möglichst natürliches Linkprofil aufzubauen und sich an Ihrer Konkurrenz zu orientieren.

Startseite und Unterseiten
Das gleiche Prinzip gilt bei der Verteilung der Links zwischen Hauptseite und Unterseiten. In den meisten Fällen haben Webseiten Links von der Startseite einer Domain und/oder Links von den Unterseiten.

Follow und Nofollow Links

Wie bereits beim Thema "Interne Verlinkung" erwähnt, gibt es die Möglichkeit Links so zu deklarieren, dass der Googlebot Ihnen nicht folgt. Die meisten Websitebetreiber lassen externe Links nur als NoFollow zu. Aber auch hier sollten Sie das Profil der Konkurrenz beachten. Meistens liegt das Verhältnis zwischen NoFollow und DoFollow bei 9 zu 1. Also ca. 80-90% der Links haben das NoFollow Attribut.

Broken Links

Immer mal wieder kann es vorkommen, dass Links "kaputt gehen". Die Zielseite existiert nicht mehr, der Link ist nicht mehr klickbar usw… All das ist frustrierend für den Benutzer und erschwert dem Google Bot das Crawlen der Website. Im Grunde sind Broken Links ein deutliches Zeichen für Google, dass der Webmaster sich nicht um die Seite kümmert. Sie sollten daher unbedingt nicht funktionierende Verlinkungen prüfen und korrekt weiterleiten.

Links entfernen

Solche Broken Links sollten natürlich entfernt werden. Genauso entfernen sollten Sie Links, die von nicht vertrauenswürdigen Seiten auf Sie verlinken. Genau aus diesem Grunde ist es wichtig, dass man das eigene Linkprofil regelmäßig mit einem Broken Link Checker überprüft. Stellen Sie sich vor, eine Pornoseite oder ein Glücksspiel-Portal verlinkt auf Ihre Website. Diese Links lassen Ihre Rankings dann ganz schnell in den Keller schießen. Doch es muss gar nicht so dramatisch ausfallen. Es reicht bereits, wenn Seite, die bisher gute Rankings hatten, durch ein Update abgestraft wurden. In diesem Fall bleiben Ihnen im Grunde nur drei Möglichkeiten:

1: Sie haben selbst Zugriff auf die Links (Foren, Branchenverzeichniseinträge) und können die Links selbst bearbeiten oder löschen.

2: Falls Sie keinen Zugriff auf die Links haben, können Sie den jeweiligen Webmaster kontaktieren und um eine Entfernung bitten.

3: Falls auch dies nicht möglich ist können Sie mithilfe der Google Search Console das Disavow Tool benutzen. Damit teilen Sie Google im Prinzip mit, dass dieser Backlink nicht mehr beachtet werden soll.

Quellen für Backlinks

Nun fragen Sie sich nach all diesen Informationen bestimmt: Aber wo bekomme ich jetzte eigentlich Backlinks her? Im folgenden finden Sie eine Auflistung von Backlink Quellen.

Content

Guter Content wird, gerade auf Blogs, automatisch weiter verlinkt. Erstellen Sie Inhalte, die zum Teilen und Verlinken einladen.

Branchen- und Webverzeichnisse

Der Eintrag in Webverzeichnisse und Branchenbücher ist die schnellste und einfachste Möglichkeit, um schnell an hochwertige Backlinks zu kommen. Ein Eintrag auf gelbeseiten.de oder dasoertliche.de ist schnell erstellt und gut skalierbar. Die Verzeichnisse ändern sich aber ständig. Oft ändern sich auch unbezahlte Backlinkquellen in Portale, die einen Geldbetrag für einen Backlink wollen. Orientieren Sie sich am besten an Top Listen von Agenturen und Blogs, die das Thema SEO als Schwerpunkt haben um eine aktuelle Liste mit relevanten Verzeichnissen zu erhalten.

Kommentare auf Blogs

Auf Blogs zu kommentieren und dann Backlinks zu setzen ist eine weitere kostenlose Methode, um schnell an Verlinkungen zu kommen. Darüber hinaus knüpfen Sie auch wertvolle Kontakte zu anderen Seiten Betreibern. Allerdings erfordert auch diese Methode etwas Aufwand. Sie sollten darauf verzichten, Kommentare zu setzen wie "Super Beitrag, mehr Infos findet Ihr hier auf www.meinewebsite.de". Solche Kommentare sehen Webmaster nicht gerne. Auf den meisten Portalen müssen Sie inzwischen schon ein Profil anlegen und einige Kommentare mit Mehrwert verfassen, bevor Sie einen Link setzen können.

Interviews

Eine weitere Methode ist es, andere Webseitenbetreiber zu interviewen um so von diesen einen Backlink zu erhalten. Diese Methode erfordert allerdings einiges an Networking. Allerdings hat sie den Vorteil, dass Sie so gleichzeitig noch Content generieren, sich besser vernetzen und so vertrauenswürdiger wirken.

Linktausch

Eine Hand wäscht die andere. Sie verlinken eine Website wenn dieser Webseitenbetreiber im Gegenzug Sie verlinkt.

Gastartikel schreiben

Schreiben Sie für Portale, die größer sind als Sie, doch einfach einen Gastartikel. So erweitern Sie Ihre Bekanntheit, schaffen Mehrwert, bauen Ihre Marke auf und erhalten Backlinks.

Youtube Videos

Indem Sie einen Youtube Kanal starten, können Sie aus dem Kanal und den Videos heraus auf Ihre Website verlinken. Ein weiterer Vorteil ist der kostenlose Traffic, den Sie so über Youtube generieren können.

Kontaktieren von Herstellern

Wenn Sie Produkte vertreiben und bereits hochwertigen Content auf der Seite haben, lohnt sich eine Backlink Anfrage beim Hersteller.

Die Backlinks der Konkurrenz analysieren

Analysieren Sie das Backlinkprofil Ihrer Mitbewerber und versuchen Sie, auf deren Backlinkquellen ebenfalls Links zu setzen.

Frageportale

Ähnlich wie bei den Blogbeiträgen können Sie sich bei einigen Frageportalen anmelden, dort Mehrwert schaffen und nach einigen Monaten dann damit beginnen, auf Ihre Website zu verlinken. Wichtig ist auch hier beim Betreiber der Seite nicht den Eindruck zu erwecken, nur Links setzen zu wollen. Erstellen Sie ein Profil, beantworten Sie ein paar Wochen lang Fragen quer durch den Kräutergarten und setzen Sie dann nach zahlreichen Posts einen Link.

Backlinks kaufen

Die Versuchung ist natürlich groß auf Portalen wie beispielsweise fiverr.de Backlinks zu kaufen. Generell raten wir jedoch eher davon ab. Wenn Sie ein Backlink Paket von 100 Backlinks für 50€ kaufen können, dann ist die Wahrscheinlichkeit bei fast 100%, dass es sich um qualitativ schlechte Links handelt, die Ihrer Seite mehr schaden als nutzen.

Linkaufbau in der Praxis

Was bedeutet das nun für die Praxis? Machen Sie sich einen Plan. Setzen Sie pro Woche 1-5 neue Backlinks. Es wirkt unnatürlich, auf einen Schlag an die 100 Backlinks zu erhalten und dann wieder 2 Monate gar keinen. Fangen Sie zunächst mit den Low Hanging Fruits an. Setzen Sie Links in Branchen- und Webverzeichnissen. Achten Sie darauf, einheitlich zu verlinken. Das bedeutet, geben Sie Ihre Domain immer in einer einheitlichen Schreibweise an: www.meinedomain.de anstatt meindedomain.de und https://www.meinedomain.de.

Nutzen Sie dann eines der Backlinkanalyse Tools wie ahrefs.de um das Linkprofil Ihrer Konkurrenz zu analysieren und weitere Backlinkquellen ausfindig zu machen. Erstellen Sie Profile auf Frage Portalen und thematisch passenden Blogs.

Social Signals

Beim Thema Social Signals streiten sich nach wie vor die Geister. Einige vertreten die Ansicht, dass diese Messwerte nicht in das Ranking mit einfließen, andere wiederum vertreten die gegenteilige Meinung. Im Zweifelsfall können Sie aber davon ausgehen, dass die Anzahl und Qualität Ihrer Tweets, Facebook-Likes und Kommentare und natürlich die von Google+ dennoch in das Ranking der Website mit einfließen.

SEO Tooks

Es gibt jede Menge SEO-Tools, die Ihnen sowohl bei der OnPage als auch bei der OffPage-Optimierung helfen können. Einige davon sind sogar kostenlos und können problemlos auch von SEO-Anfängern genutzt werden. Hier finden Sie eine Übersicht der gängigsten, größtenteils kostenlosen und wichtigsten SEO-Tools untergliedert nach der Funktion.

Überprüfung der Sichtbarkeit bei Google

Der Ausschlaggebende Faktor bei der Suchmaschinenoptimierung ist die Sichtbarkeit Ihrer Domain. Um Ihren Erfolg zu messen, müssen Sie in der Lage sein, die Sichtbarkeit Ihrer Domain und einzelner Keywords im Blick zu behalten. So erkennen Sie auch, ob Sie von einem Google Update betroffen sind oder nicht.

Sistrix Toolbox

Die Firma Sistrix aus Bonn hat mit der Sistrix Toolbox eines der beliebtesten Tools für SEO-Analyse im deutschsprachigen Raum entwickelt. Ziel der Entwickler ist es, Google-Rankings für die Benutzer verständlich zu machen.

Mithilfe des Tools kann praktisch jede Domain analysiert werden. Dabei werden alle Kennzahlen wie Keywords, Links und Social-Signals (z.B. aus Facebook) der jeweiligen Website aufgelistet. Auch die Rankings verschiedener Keywords, sowie deren Wettbewerb und der Traffic werden aufgelistet. Am wichtigsten ist jedoch der sogenannte Sichtbarkeitsindex, den Sistrix selbst entwickelt hat und der weltweit als Standard anerkannt ist.

Dazu werden jede Woche die Rankings vieler Millionen Keywords in 12 Ländern der Welt analysiert und daraus die Sichtbarkeit jeder einzelnen Webseite bei Google errechnet. Die Sichtbarkeit beschreibt sozusagen den Marktanteil einer Domain bei Google, d.h. die Besucher, die diese durch Google gewinnt. Das Tool analysiert sozusagen das "Set" aller Keywords innerhalb der Domain und zeigt damit an, wie gut die Seite bei Google auffindbar ist.

Allerdings handelt es sich bei dem Sichtbarkeitsindex nicht um einen allgemeinen Wert, der immer gleich ist, sondern auch durch je nach Tool variiert, mit dem er bestimmt wird. Dennoch ist der Sistrix Sichtbarkeitsindex eine wichtige Kennzahl, um die Besucherzahlen einer Website zu analysieren und erhöhen zu können.

Mit dem Sistrix Optimizer kann ein eigenes Keyword-Set festgelegt werden, für das der Sichtbarkeitsindex berechnet wird. Wöchentliche oder sogar tägliche Auswertungen sind dabei möglich. Auch der Smartphone-Sichtbarkeitsindex, der sich teilweise stark vom Desktop-Sichtbarkeitsindex unterscheidet, kann mit der Sistrix Toolbox berechnet werden. Ein weiteres Tool in der Toolbox ist das Link Modul, mit der Links gerated und analysiert werden. Zur kostenlosen Nutzung stehen unter anderem Funktionen wie der Sichtbarkeitsindex mit eingeschränkter Funktion zur Verfügung, ebenso wie die Snippet-Analyse und SistrixSmart als abgespeckte Version der Sistrix-Toolbox, die sich an kleinere Unternehmen richtet. Die Vollversion gibt es pro Modul für 100€/Monat, für das volle Paket (SEO, Links, Optimizer, Ads und Social) kommen im Monat also 500€ zusammen. Jedoch braucht nicht jeder Nutzer das volle Programm. Für Neugierige gibt es eine kostenlose 14-tägige Testversion (ohne automatische Verlängerung).

Searchmetrics

Mit Searchmetrics erhalten Sie kostenlos einen überblick über die Sichtbarkeit der letzten 6 Monate und erhalten weitere relevante Daten zur Sichtbarkeit, den Backlinks und der Social Signals.

Xovi Suite

Die Xovi Suite funktioniert ähnlich wie Searchmetrics mit einigen interessanten kostenlosen Funktionen.

Sie sollten sich aber immer bewusst sein, dass jedes dieser Tools mit eigenen Algorithmen arbeitet und die Ergebnisse für ein und dieselbe Domain zwischen verschiedenen Tools abweichen können. Bedenken Sie auch, dass die Daten, gerade bei Nischenseiten, oft unzuverlässig sind, da jedes Tool mitunter andere Keywords analysiert und überwacht und es sein kann, dass für Sie wichtige Keywords gar nicht von diesen Tools erfasst werden.

Überprüfen der Rankings

Neben der Sichtbarkeit sind die Rankings einzelner Keywords ebenfalls eine wichtige Messgröße. Am besten nutzen Sie dafür Googles hauseigene Search Console.

Google Search Console

Google Search Console ist ein kostenloser Dienst von Google, mit dem Sie Ihre Google-Suchergebnisse überwachen und verwalten können. Google teilt dem verbundenen Nutzer mit diesem Tool mit, wenn eventuelle Probleme wie "manuelle Maßnahmen" auftreten oder die Seite gar nicht erreichbar ist.

Außerdem werden die Ranking-, Klick-, und Impression-Daten der letzten 90 Tage sichtbar. Zudem wird angezeigt, wie Google und der Nutzer die Website sieht, um zu überprüfen, welche Inhalte wann sichtbar sind. Auch die Mobile-Optimierung wird hier angezeigt.

Dieses Tool ist für jeden, der mit SEO zu tun hat, empfehlenswert, egal ob Anfänger oder Fortgeschrittener. Auch wenn Sie Unternehmensinhaber sind und Ihre Website mithilfe eines Webmasters oder Marketing-Fachmanns optimieren, sollten Sie sich mithilfe dieses Tools einen Überblick verschaffen. Google Search Console ist kostenlos.

Market Samurai
Bei Market Samurai handelt es sich um eine Software die sie sich herunterladen können. In der kostenlosen Ausführung können Sie den Rank Tracker und das Tool zur Keyword Recherche Nutzen.

Ranking Spy
Hier können Sie bequem Online Platzierungen neutral überprüfen.

Keywordrecherche und Contentoptimierung

Google Ads Keyword Planner

Kommen wir zum zweiten SEO-Tool von Google. Ging es beim ersten der beiden Tools eher um das Tracking der Ergebnisse von SEO, steht der Google Ads Keyword Planner am Anfang einer SEO-Analyse.
Wir habe vorhin ja schon des öfteren von Keywords und ihrer Bedeutung für eine erfolgreiche Website-Optimierung gesprochen. Der Google Ads Keyword Planner hilft Ihnen dabei, die richtigen Keywords zu finden, auf die sie optimieren wollen, um relevanten Content zu erstellen. Der Keyword-Planner wird jedoch nicht nur im Bereich SEO, sondern auch im Bereich SEA (Search Engine Advertisement), im speziellen bei Google Ads, eingesetzt.

Mithilfe dieses Tools wird das Suchvolumen verschiedener Keywords gezeigt und Sie können sich verwandte, dazu passende Keywords anzeigen zu lassen. Damit kann z.B. bestimmt werden, ob in letzter Zeit bestimmte Keywords im Trend sind oder in welchen Bereichen es wenig Nachfrage gibt. Des Weiteren kann die Suche auch regional beschränkt werden.

So finden Sie schnell neue Keywords für die zu optimierende Seite gefunden. Durch die Eingabe der URL Ihrer Website analysiert das Tool, welche Keywords auf dieser Seite verwendet werden. Dies ist auch interessant, um die Webseiten von Wettbewerben zu analysieren und eventuell einige Techniken zu übernehmen.

Der Google Ads Keyword Planner ist insbesondere bei der Erstellung einer Webseite, wenn die Ausrichtung noch nicht ganz klar ist, sinnvoll, da hiermit grundlegende Entscheidungen über die Keywords im Content einer Website getroffen werden können. Der Keyword Planner ist einfach zu bedienen und auch für SEO-Anfänger verständlich. Das Tool ist kostenlos, eine Registrierung ist jedoch, wie für alle Google-Dienste, erforderlich.

Google Trends

Mit Google Trends können Sie neue Trends frühzeitig erkennen und sich entsprechend darauf vorbereiten. Das Tool liefert Ihnen aber auch Inspiration für neue Themen.

Ubersuggest

Dieses Tool bedient sich der Vorschlags und Autovervollständigungsfunktion von Google. Anstatt zahlreiche Keywords mühsam manuell in das Suchfeld von Google einzutippen, kann Ubersuggest Ihnen diese Arbeit automatisiert abnehmen. Sie erhalten So viele Ideen für Keywords und Proof Keywords.

Hypersuggest

Mit Hypersuggest können Sie sich verschiedene Begriffskombinationen zu Ihrem Keyword anzeigen lassen. Besonders interessant ist die Reverse Suggest und die W-Fragen Funktion.

Lingulab

Inzwischen gibt es viele Anbieter für Software, die das Ziel hat, die Texterstellung zu vereinfachen. Die Funktionsweise ist dabei denkbar einfach. Sie schreiben Ihren Text und geben diesen bei einer Software wie Lingulab ein. Das Programm prüft dann anhand aktueller Best-Practices die Lesbarkeit des Textes und lässt Sie automatisch wissen, ob Sie mehr Zwischenüberschriften einbauen sollten, ob Absätze oder Sätze zu lange sind und ob der Satzbau unnötig komplex sind. So lassen sich schnell und einfach benutzerfreundliche und suchmaschinenoptimierte Texte erstellen.

Analytics Software

Es gibt zahlreiche Tools zur Analyse des Nutzerverhaltens. Für den Einstieg reicht jedoch völlig Googles kostenloses Analytics Tool aus.

Google Analytics

Google Analytics ist eines der wichtigsten, wenn nicht sogar das wichtigste Tool für erfolgreiches SEO. Es ist der Grundstein jeder Performance-Analyse einer Website. Das Tool sammelt die Daten über Besucher der Internetseite und beantwortet damit die grundlegenden Fragen im SEO: Wer kommt auf meine Seite? Wie kommen Nutzer auf meine Seite? Wie lange verweilen Sie auf einer Page? Was wird angeklickt?
Google Analytics sammelt alle diese Daten und fasst sie zusammen. Da das zunächst etwas unübersichtlich ist, bietet das Tool über 1000 Filter, um die Daten zu analysieren und zu interpretieren. Damit werden die Schwachstellen, Optimierungspotenziale und Stärken der Website gefunden, die dann verbessert werden können. Durch das Tracking von Google Analytics können die Fortschritte in der Websiteoptimierung auch wiederum sichtbar gemacht werden.

Google Analytics ist für jeden, der SEO betreiben will, unverzichtbar, da es der Grundstein für die Analyse und Verbesserung der Website ist. Das Tool ist kostenlos, allerdings muss man sich als Nutzer registrieren. Es gibt auch eine sehr teure kostenpflichtige Premium-Version, die sich jedoch erst bei sehr umfangreichen SEO-Projekten lohnt.

Seitenperformance

Wie Sie bereits wissen, sind Optimierungsmaßnahmen an der Seite wertlos, wenn Ihre Ladezeiten zu lang sind oder Seiten nicht erreichbar sind. Darum sollten Sie die technische Optimierung Ihrer Website nicht vernachlässigen.

Google Page Speed Tool

Mit dem Google Pagespeed Tool können Sie die Ladezeiten Ihrer Seite prüfen und erhalten Verbesserungsvorschläge.

Pingdom

Pingdom ist ein kostenpflichtiges Tool, mit dem Sie im Detail die Ladezeiten optimieren können. Ein weiterer Vorteil dieses Tools ist das Monitoring: Sie werden automatisch benachrichtigt, wenn Seiten nicht erreichbar sind oder die Ladezeiten einen kritischen Wert überschreiten.

Backlinkanalyse und Check

Um Backlinks zu analysieren und ein Backlinkprofil Ihrer Konkurrenz zu erstellen, kommen Sie um die Nutzung von Tools nicht herum. Weiterhin sollten Sie regelmäßig Ihr eigenes Profil auch auf Broken Links überprüfen. Hier einige Tools mit denen dies gelingen kann.

Majestic SEO

Das beste Tool auf dem Markt um Backlinks kostenlos zu analysieren. Es liefert sehr gute und detaillierte Backlink-Daten und bei Registrierung auch eine detaillierte Analyse der Domain. Es gibt auch eine kostenpflichtige Version ab 46€/Monat, bei der eine noch umfangreichere Analyse erstellt wird.

Weitere nützliche Tools, die für die Backlink Analyse genutzt werden können:

moz.com: https://moz.com/

Ahrefs: https://ahrefs.com/de/

Technische Optimierung der Website

Neben der Ladezeit, dem Content und den Backlinks ist die technische Optimierung Ihrer Website ein weiterer kritischer Faktor.

Ryte (früher Onpage.org)

Neben Google gibt es auch viele andere Anbieter von SEO-Tools, die teilweise ausführlichere Analysen ermöglichen als die Tools von Google. Früher unter dem Namen OnPage.org bekannt, wurde das Tool umbenannt und wurde hauptsächlich, wie der alte Name schon sagt, für die Onpage-Optimierung verwendet.

Mittlerweile wurde das Tool jedoch ausgeweitet und deckt jetzt auch den Offpage-Bereich ab. Es unterteilt sich in drei Kategorien. Das erste ist Website Success, mit dem versteckte Fehler auf einer Website gefunden und Verbesserungsmöglichkeiten vorgeschlagen werden. Die Auswertung ist sehr umfangreich und weist auch auf tiefer liegende Fehler hin. Dieser Bereich ist das Herzstück von Ryte.

Das Tool Search Success hilft bei der Optimierung im Offpage-Bereich. Hier werden Daten aus Google analysiert, die die eigenen Ranking ins Google tracken. Außerdem gibt es eine Übersicht über Gewinner- und Verlierer-Keywords, sowie eine Analyse der Wettbewerber-Seiten. Im Vergleich zu primär auf die Offpage-Optimierung ausgelegten Tools gibt es hier sicher noch Verbesserungspotential.

Der dritte Bereich ist Content Success. Hier geht es wieder hauptsächlich um Keywords. Einzelne Seiten werden analysiert und darauf analysiert, wie gut sie auf einzelne Keywords ausgerichtet sind. Dabei wird die WDF*IDF-Analyse verwendet, bei der die Seiten der Wettbewerber analysiert werden und die häufigsten Proof Keywords herausgefunden werden. Dabei gibt es Einwort- und Zweiwortkombinationen (Einwort: Hundetraining, Zweiwort: Hundetraining Stuttgart). Diese Analyse ist ziemlich komplex, kann aber dabei helfen, die richtigen Proof Keywords für den Content der Website zu finden.

Ryte ist ein Tool, das insbesondere im Onpage-Bereich eine wichtige Rolle spielt und hierfür im großen Umfang genutzt werden kann. In begrenztem Umfang kann sogar das kostenlose Tool "Ryte FREE" genutzt werden (z.B. für die WDF*IDF-Analyse). Für umfangreichere Funktionen empfiehlt sich die "Ryte Basic Suite" für knapp 90€/Monat. Für größere Unternehmen gibt es noch "Business Suite", Preis ist jedoch auf Anfrage.

Die Abkürzungen, Begriffe und Ihre Bedeutung

Die Welt von SEO ist voller Abkürzungen, sodass vieles nicht auf den ersten Blick ersichtlich ist. Dazu kommt, dass die meisten Begriffe aus dem Englischen sind und es für diese nicht immer deutsche Entsprechungen gibt (bzw. man benutzt sie nicht). Hier finden Sie eine kleine Übersicht über die wichtigsten Abkürzungen und ihre Bedeutungen.

SEO = Search Engine Optimization (engl.: Suchmaschinenoptimierung)

SEO beschreibt alle Maßnahmen, die zur Optimierung einer Webseite beitragen. Dabei wird zwischen OnPage-Optimierung und OffPage-Optimierung unterschieden. Bei der OnPage-Optimierung werden die Inhalte einer Seite so angepasst, dass sie von der Suchmaschine besonders gut lesbar und verständlich sind.

Die Erstellung von relevantem Content zählt ebenfalls in diesen Bereich. Die OffPage-Optimierung beschreibt webseitenunabhängige Maßnahmen wie die Steigerung der Reputation durch Verlinkung und die Erhöhung der Reichweite einer Website.

Ziel von SEO ist, für bestimmte Suchbegriffe (Keywords) hohe Positionen in den Ergebnissen der Suchmaschine zu erreichen und damit die Sichtbarkeit und die Anzahl der Besucher der Website zu erhöhen.

URL = Uniform resource Locator (engl. ungefähr: Einheitlicher Ressourcenanzeiger)

Die Abkürzung URL bezeichnet einen eindeutigen Pfad zu einer Ressource (also einer Webpage) innerhalb eines Protokolls und ruft damit Dateien von einem Webserver auf. Jede Webpage innerhalb einer Website hat eine eigene URL, darunter befindet sich unter Anderem der Domainname, die Top-Level-Domain, Verzeichnisse und Dateien. Durch den Namen der URL können dem Crawler als auch dem Website-Besucher bereits wichtige Informationen über die Seite angezeigt werden ("sprechende" URLs). Eine gut gewählte URL kann zu Verbesserung des Google-Rankings der Seite betragen: Google rankt Websites höher, in denen der Inhalt in der URL bereits ersichtlich ist.

CMS = Content Management System (engl.: Inhalts-Verwaltungs-System)

Das CMS ist eine Software, die eingesetzt wird, um Inhalte auf Webseiten zu verwalten. Dabei sind vor allem Bilder und Texte gemeint. Der wichtigste Vorteil eines CMS ist die Trennung zwischen der Gestaltung der Webseite (Layout & Design) und deren Inhalt. So kann z.B. der Inhalt verändert werden, das Layout muss jedoch nicht mit angepasst werden. Bei der Gestaltung von CMS-Webseiten werden Formatvorlagen, sogenannte Templates, bestehend aus HTML und Platzhaltern, verwendet. Die Platzhalter werden dem Besucher automatisch als Inhalt angezeigt, z.B. Text, Bilder, Navigation, Werbung etc.

CTR = Click-Through-Rate (engl..: Klickrate)

Die CTR ist eine der wichtigsten Kennzahlen einer Webseite. Sie beschreibt, wie viel Prozent der Impressionen (also wie oft die Webseite bei den Suchmaschinenergebnissen angezeigt wird) auch wirklich zu einem Klick auf die Webseite führen. Wenn die Seite z.B. 100 Mal angezeigt wird, aber nur 15 Personen darauf klicken, liegt die CTR bei 15%. Dieser Wert ist ein wichtiger Messwert für die Relevanz der Suchergebnisse zu einem bestimmten Keyword. Ziel von SEO ist es auch, eine hohe CTR zu erzielen.

Rich Snippets (engl. "Reichhaltige Schnipsel)

Als Snippet werden kleine Textausschnitte aus einer Webseite bezeichnet, die in den Suchmaschinenergebnissen angezeigt werden. Rich Snippets stellen eine Erweiterung der Snippets dar. Diese enthalten spezielle Elemente wie Preisangaben, Abbildungen und Verlinkungen, welche durch eine bestimmte Hervorhebung im Quellcode markiert werden. Rich Snippets können die CTR eines Snippets und die Klickrate allgemein erhöhen.

SERP = Search Engine Results Page (engl. "Suchmaschinenergebnisse)

Bezeichnet die Ergebnisseiten bei der Eingabe eines Keywords in eine Suchmaschine. Jeder Nutzer erhält eine individuelle SERP, die von unterschiedlichen Faktoren beeinflusst wird. Im Online-Marketing interessiert man sich für das Ranking und die Darstellung der eigenen Website innerhalb der der SERPs im Bezug auf verschiedene Keywords.

Datenschutz: Ein kleiner Exkur

Ein wichtiger Punkt, den wir am Ende noch ansprechen wollen ist der Datenschutz. Wie Sie vielleicht bereits mitbekommen haben, war die ganze Online-Landschaft in heller Aufregung als die DSGVO Anfang 2018 umgesetzt werden musste. Viele Websitebetreiber haben aus Angst vor Abmahnungen Ihre Seiten vom Netz genommen.

Wir möchten Sie an dieser Stelle nochmals ausdrücklich darauf hinweisen, dass Sie sich mit dem Thema Datenschutz auseinandersetzen sollten. Je sichtbarer Sie bei Google werden, desto größer ist die Wahrscheinlichkeit, dass Abmahnanwälte auf Sie aufmerksam werden. Es würde den Rahmen dieses Beitrages sprengen, das Thema ausführlich zu behandeln. Darüber hinaus können wir keine Rechtsberatung bieten. Eine gute erste Anlaufstelle für das Thema ist die Website https://www.e-recht24.de/. Wenn Sie absolute rechtliche Sicherheit brauchen, hilft nur der Gang zum Fachanwalt.

Die häufigsten Fehlerbei der Suchmaschinenoptimierung

Nun haben Sie einen ersten Überblick über die wichtigsten Faktoren einer gelungenen Suchmaschinenoptimierung erhalten. Abschließend wollen wir Ihnen noch die typischen Fehler aufzeigen, die Sie zu Beginn vermeiden sollten.

Flasche **Priorisierung**

Machen Sie sich zu Beginn immer klar, welche Ziele Sie genau erreichen möchten. SEO ist ein langwieriger Prozess, in den viel Zeit und Ressourcen fließen können. Starten Sie mit hochwertigem Content und sorgen Sie dann dafür, dass Ihre Seite Ihre Benutzer abholt. Es ist Ressourcenverschwendung, aufwändig SEO zu betreiben, wenn der User dann auf einer Seite mit einem unnötig komplizierten Bestellprozess landet. Erst dann sollten Sie sich um den Aufbau von Backlinks und andere Themen kümmern

Die falsche Domain

Nutzen Sie möglichst eine sprechende .de Domain mit Ihrem Hauptkeyword. Wenn Sie können, nutzen Sie beispielsweise "Hundetraining-Berlin.de" als Domain. Sollte diese bereits vergeben sein, nutzen Sie die .com Domain usw. Verzichten Sie auf Domains wie "Lisa-Müller.de". Die Domain ist ein wichtiger Rankingfaktor, den Sie nur noch schwer ändern können, nachdem Sie sich einmal festgelegt haben.

Conversionoptimierung

Optimieren Sie parallel zum SEO Ihre Seitenstruktur und Ihren Sales Funnel. Sorgen Sie dafür, dass Sie aus jedem Website-Besucher das Maximum herausholen. Sorgen Sie dafür, dass Ihre Texte gut geschrieben und gut lesbar sind.

Keine Mobile Optimierung

Die Mehrheit aller Webseitenbesuche findet bereits über mobile Endgeräte statt. Wenn Sie diese Zielgruppe vernachlässigen, verschenken Sie viel Potential, zumal eine fehlende Optimierung im Mobile Bereich auch ihr Ranking im Desktop Bereich negativ beeinflussen kann.

Keine Suchmaschinenoptimierung

Da Sie diesen Text lesen, kann davon ausgegangen werden, dass Ihnen die Wichtigkeit von Suchmaschinenoptimierung bewusst ist. Dennoch soll an dieser Stelle nochmals erwähnt werden, dass SEO ein wichtiger Marketingkanal ist, der Ihnen langfristig kostenlos potentielle Kunden beschert.

Aufbau und Einkauf von schlechten Backlinks

Die Versuchung ist groß, den Backlinkaufbau komplett outzusourcen und Backlinks einfach einzukaufen. Generell sollte dies aber nur im Rahmen der Zusammenarbeit mit einer professionellen Agentur erfolgen. Die Gefahr, schlechte Backlinks einzukaufen, die ihr Ranking nach unten treiben, ist viel zu groß.

Keine Vorsicht beim Providerwechsel

Es kann immer wieder vorkommen, dass einschneidende Änderungen am System passieren. Vielleicht sind Sie mit Ihrem Provider unzufrieden, die Kapazität der Server reicht nicht aus, oder Sie müssen sogar das CMS System wechseln. In diesem Fall ist äußerste Sorgfalt geboten. Schon oft wurden bei einem Umzug URLs nicht korrekt weitergeleitet und andere technische Fehler sind passiert. Im schlimmsten Fall können Sie durch eine solche Nachlässigkeit Ihre Rankings verlieren. Lassen Sie aufwändige technische Umzüge nur von Profis durchführen, die einen SEO Hintergrund haben.

Mangelnde Ausdauer beim SEO

Suchmaschinenoptimierung ist ein beständiger Prozess. Aktualität ist ein wichtiger Faktor beim Ranking. Betrachten Sie SEO als Marathon, nicht als Sprint.

Keine technische Optimierung

Die meisten Websitebetreiber konzentrieren sich nur auf die Bereiche Content und Backlinks. Dabei vernachlässigen Sie die technischen Aspekte. Alle Optimierung der Welt nützt Ihnen nichts, wenn Ihre durchschnittliche Seitenladezeit 10 Sekunden beträgt oder Ihre Inhalte im Firefox Browser nicht richtig dargestellt werden. Nehmen Sie sich die Zeit, um die technische Seite ebenfalls zu optimieren. Damit schaffen Sie ein besseres Nutzererlebnis und zeigen Google, dass Sie ein gewissenhafter Websitebetreiber sind.

So gelingt Suchmaschinenoptimierung

Wir hoffen, Ihnen mit diesem Ratgeber einen praktikablen Einstieg in die Suchmaschinenoptimierung gegeben zu haben. Sie haben gelernt, wie eine Suchmaschine funktioniert und wissen, welche Rankingfaktoren für Google entscheidend sind. Sie wissen nun, wie Sie eine Content Strategie erarbeiten und Keywords, sowie Proof Keywords festlegen. Sie wissen um die Wichtigkeit von technischer SEO Optimierung. Sie haben nun ein Grundverständnis dafür, wie Sie einen Plan zum Aufbau von qualitativ hochwertigen Backlinks erstellen und wie und wo Sie Backlinks setzen können. Sie haben wichtige Tools kennengelernt, mit denen Ihre Arbeit leichter fällt.

Alles was Sie nun noch tun müssen ist, anzufangen.

Kontakt: Anthony Filipiak, Christinenstr. 14, 40880 Ratingen
Covergestaltung: Autor Richards Coverfoto: shutterstock.com

14527208R00042

Printed in Germany
by Amazon Distribution
GmbH, Leipzig